AF187939

SCHWARZE
MATERIE
texte

pit boston

Design & Layout: Pit Boston

Impressum

Herstellung und Verlag:
BoD - Books on Demand, Norderstedt
ISBN 978-3-7448-3619-7
Für den Inhalt des Buches zeichnet der Autor
verantwortlich

Endlich!

Wenn der Tag beginnt am Morgen
Denkst du herzlich wenig nach
Vieles bleibt dir noch verborgen
Du bist zeitig wach geworden
Deine Lust scheint ziemlich flach

Rollst die Augen
Schmollst mit Stöhnen
Kaffee macht dich richtig wach
Nichts kann dich zurzeit verwöhnen
Alles scheint dich zu verhöhnen
Und es gibt nur Weh und Ach

Du gehst raus ins frühe Leben
Deine Arbeit lauert öd
Musst heut wieder alles geben
Voller Einsatz – pures Streben
Irgendwie fühlst du dich blöd

Plötzlich schaust du aus dem Fenster
Siehst die Hektik gar nicht mehr
In der Luft tanzen Gespenster
Haben durchsichtige *Wänste*
Und du fühlst dich leicht, nicht schwer

Lässt die Arbeit endlich sausen
Fängst ein neues Leben an
Keiner kann dir noch was mausen
Keiner zwingt dich, loszubrausen
Jetzt bist du ein neuer Mann

Geheimbund

Am schwarzen Tische sitzen sie
In langen Mänteln
Schweigend noch
Im Tempel aller Harmonie
In dunklen Kleidern beten sie
Beschwören Geister tief und hoch

Hier kommt so schnell kein Fremder rein
Ein Schloss aus Stärke zeugt stets davon
Sie müssen sehr verschwiegen sein
Ansonsten bleiben sie allein
Und alle Welt scheint ewger Lohn

Sie sprechen alle Sprachen gut
Sie leiden Leid
Sie machen Macht
Wer hier dabei ist, braucht viel Mut
In jenem Bund ist rein das Blut
Hier lebt der Tag
Hier thront die Nacht

Die großen Tore schließen sich
Der Bund bleibt schweigsam
Und geheim
Verborgen einst
Heut ewiglich
Im Tempel hier, am schwarzen Tisch
Jenseits der Zeit
Im düstern Schein

Die Muschel

Ich fand sie dort am langen Strand
Die große Muschel, ganz in weiß
Sie lag so einsam da im Sand
Die schöne Muschel dort am Strand
Und Sommer war es, schwül und heiß

Ich hob sie auf, hielt sie ans Ohr
Es rauschte so geheimnisvoll
Welch Engel sie wohl hier verlor
Ich hielt sie einfach nur ans Ohr
Und plötzlich fühlte ich mich wohl

Die Kinder sprangen um mich rum
Das Wasser kühlte, war so frisch
Die Muschel lag am Strand herum
Und Kinder sangen um mich rum
Und manchmal auch ein kleiner Fisch

Ich dacht´, ob ich jetzt baden geh?
Mal so ins Wasser, wärs nicht toll?
Gar friedlich lag die wilde See
Ob ich vielleicht mal baden geh?
Im Wasser wärs so wundervoll!

Da sprach die Muschel lieb und leis:
„Du bist doch frei, los, spring´ ins Nass!"
An jenem Strand, der lang und weiß,
war´s wunderschön und ziemlich heiß
Im Wasser hatte ich viel Spaß

Die Muschel nahm ich mit ins Meer
und ließ sie frei, sie tauchte schnell
Der Tag fiel leicht mir, gar nicht schwer
Ich nahm die Muschel mit ins Meer
Und plötzlich ward manch Trübes hell

All jene Sorgen, tief in mir,
die nahm die Muschel mit sich fort
Mir schien, sie lag für mich nur hier
Sie nahm die Nöte tief in mir
Verzauberte die Welt, den Ort

Fast wie ein Kind sang ich und sprang
am Ufer her und wieder hin
Ich hör noch heut der Muschel Klang
Sie rauschte leis und lieb und lang
Sie gab mir neuen Lebenssinn

Ich fand sie da am Meeresstrand
Die weiße Muschel, groß und weiß
So manches Jahr zog übers Land
Ihr Rauschen blieb mir, da am Strand
Und Sommer war's, so schön und heiß

Gib nicht auf

Gib die Träume noch nicht auf
Schau, sie sind ganz tief in dir
Nehm die Ängste nicht in Kauf
Gib die Träume niemals auf
Denn das Leben wartet hier

Lass die Hoffnung nicht zurück
Spür dein Herz, es schlägt doch noch
Wenn du auch noch fern vom Glück,
lass die Hoffnung nie zurück
Nach dem Tief kommt stets ein Hoch

Heb die Tränen dir noch auf
Steh jetzt auf, es ist nicht schwer
Nehm die Trauer nicht in Kauf
Steh jetzt selber wieder auf
Weiß, dein Leben ist nicht leer

Gezeiten

Am Ufersaum nur sanfte Wellen
Das Meer kommt leis und laut daher
Am Horizont, dem dunklen, hellen
Spür ich des Ozeanes Wellen
Und in mir drin wird's leicht und schwer

So einsam ist's an diesem Orte
Die Weite scheint unsagbar weit
Ich denke nur, ganz ohne Worte
An diesem magisch, starren Orte
Und es zerrinnt mir Hoffnung, Zeit

Nur Möwen schreien mit dem Winde
Der sich in Sanddünen verliert
Ich hofft', dass ich die Welt verstünde
Doch sind da nur die kalten Winde
Und jener Strand, der schläft und friert

Ganz plötzlich dunkelt es behände
Und stürmisch wird's am Strande hier
Ich reib mir flugs die leeren Hände
Dass es bald wärmer wird behände
Und ich nicht einsam, alt erfrier

Das Wasser weicht dem Mond entgegen
Zieht sich zurück, weil Ebbe ist
Ich wollt ins Watt mich reglos legen
Doch schlägt der Sturm mir da entgegen
Und sagt, dass man mich längst vermisst

Da wird mir klar, ich sollt wohl gehen
Dorthin, wo ich was ändern mag
Das Meer sagt's laut, ich kann's verstehen
Ich sollt nach Hause schnellstens gehen
Bevor sie kommen, Flut und Tag

Jedoch liegt vor mir nur die Leere
Das Meer ist fort, ich weine leis
In meinem Herz die bittre Schwere
Und überall die lähmend Leere
Ganz langsam wird das Watt zu Eis

Laut schlägt erneut der Sturm zum Strande
Bringt bald das Meer, ich ahn es schon
Ganz nah an der Gezeiten Rande
Fragt keiner wohl nach Glück und Schande
Bleibt nur manch Schuld als letzter Hohn

So schlag ich hoch den warmen Kragen
Weiß plötzlich, dass ich leben will
Auf einmal gibt es keine Fragen
Ich schlag ihn hoch, den feinen Kragen
Und hinter mir rauschts laut und still

Angst

„Wovor hast du richtig Angst?",
fragtest du beim Abschied noch
Und ich schwieg, wusst, dass du bangst
Wovor hab ich wirklich Angst?
Ist da wirklich solch ein Loch?

Als du fort warst, sank ich hin
„Ja, ich habe Angst!", schrie ich
Du bist doch mein Lebenssinn
Als du weg warst, sank ich hin
Angst hat jeder, sicherlich

Angst, dass ich nichts schaffen kann
Dass ich arm zu Grunde geh
Dass ich schwach bin und kein Mann
Dass ich nicht mehr lachen kann
Dass ich wie ein Hauch vergeh

Dass ich krank am Boden lieg,
sterben werde vor der Zeit
Dass mich niemand richtig liebt
Dass ich tot am Boden lieg
Dass zurück ich einmal bleib

Dass ich dich einmal verlier
Dass wir und nicht mehr verstehn
Dass mich auffrisst Hass und Gier
Dass ich mich einmal verlier
Dass wir auseinander gehn

Dass manch Streiterei mich lähmt
Dass die Hoffnung in mir stirbt
Dass ich wütend und vergrämt
Dass manch Einerlei mich lähmt
Dass mein Traum im *Nichts* verdirbt

Dass ich Schönes nicht mehr seh
Dass ich blind durchs Leben zieh
Dass gefühllos ich verweh
Dass ich Neues nicht mehr seh
Dass ich Tee trink in der Früh

Dass ich mich total verlier
Dass ich kleb an altem Muff
Dass ich tatenlos erfrier
Dass ich mal mein *Ich* verlier
Dass ich schmachte in Qualm und Suff

„Manchmal hab ich richtig Angst!",
sagt ich leis beim Wiedersehn
Und du schwiegst, weil du so bangst
Ja, manchmal hat man eben Angst
Halt mich fest, dann wird's vergehn

Nebel

Nebelschleier über Feldern
Nebelbänke überall
Undurchdringlich in den Wäldern
Und manch Weg ist feucht und schmal

Nebel auch in meiner Seele
Nimmermehr wird's klarer dort
Das mein Feuer weiter schwele,
wünschte ich mir immerfort

Nebel überm Friedhofsgarten,
wabert zwischen Gräbern hin
Nein, ich will nicht länger warten
Will nach andern Orten ziehn

Doch die Nebel stehn behände
voller Unklarheit und Hass
Ach, es zittern meine Hände
Nebel machen wenig Spaß

Selbstlos bleib ich hier am Orte
Nur mein Traum flieht vor der Zeit
Nebel dämpfen manche Worte
Hab längst den Entschluss bereut

Und die Nebel ziehen weiter
Bald schon sind sie nicht mehr hier
Ja ich weiß, dann werd ich heiter
Und es freut sich Mensch und Tier

Gebet für einen Freund

Er lag und liegt mir dicht am Herzen
Ich will ihm helfen aus der Not
Für ihn die allerschönsten Kerzen
So viel für ihn liegt mir am Herzen
Ich bete für den Freund zu Gott

Er ist allein dort in der Fremde
Ich muss zu ihm, doch fühl mich schwach
Für ihn geb' ich das letzte Hemde
Ich muss zu ihm in diese Fremde
Zu zweit geht's leichter unterm Dach

Uns trennen Meilen, Kilometer
Und doch fahr ich sie zu ihm bald
Mein Freund, ich komm – doch etwas später
Ich komm die Meilen, Kilometer
Das Weihnachtsfest steht schon im Wald

Er lag und liegt mir stets am Herzen
Ein Freund, der da ist, auch in Not
Für ihn die schönsten Weihnachtskerzen
So sehr liegt er mir tief im Herzen
Ich bete für den Freund zu Gott

Meeresrauschen

Sie wollten fröhlich baden gehn
Am Tag wie heute, gegen 10
Ein Meeresrauschen, sanft und leis
Man ahnte nicht, was man jetzt weiß
Und Kinder lachten, wunderschön

Da bebte kurz die Erde mal
Nicht stark, nicht schlimm, ganz ohne Knall
Dann war es still und nichts schien schlecht
Die Sonne brannte heiß und echt
Vor jenem letzten Wasserfall

Von fern sah sie so seltsam aus
Die Woge, riesig, wie ein Haus
Die Menschen schauten, staunten auch
Weil es so gut nach Sommer roch
Noch lebten Strand, Hotel und Haus

Doch als das erste Boot verschwand
Ein Wellenrauschen es verschlang
Das Ufer schwand ins Meer zurück
Sich schnell getürmt mit Sand und Schlick
Da sind die Menschen fortgerannt

Es krachte und es knallte laut
Es stürzte ein, was einst gebaut
Die Flut brach ein, nahm alles mit
Sie ließ den Leuten nicht ein Stück
Das Leben schien vom Tod geklaut

Als das Getöse dann vorbei
Schien alles aus, so einerlei
Den Strand, den Urlaub gab's nicht mehr
Manch Blick, manch Hoffnung starr und leer
Nur blieb ein Tränenmeer, ein Schrei

Die Mutter, die ihr Kind verlor
Der Kleine mit dem Ring im Ohr
Ein Vater, der umhergeirrt
Weil die Familie zerstört
Am Ort, wo aller Traum erfror

Am Ufer bleib ich lange stehn
Es war ein Tag wie heute, schön
Das Meer, es rauscht mal laut, mal leis
Heut weiß ich, was nun jeder weiß:
Sie wollten fröhlich baden gehn

Der rote Ball

Es sprang ein Ball vor meiner Nase
So auf und ab und auf den Weg
Zertrümmerte wohl eine Vase
Und sprang nur hin vor meiner Nase
Ein leiser Wind hat lau geweht

Es war ein großer Ball, ein roter
Der sprang und kullerte dahin
Wo kam er her, und wie – und – oder?
Es war ein schöner Ball, ein roter
Und plötzlich war ich wieder Kind

Sprang in Gedanken auf und nieder
Und spielte mit dem roten Ball
Sang immerfort die gleichen Lieder
Und spielte Ball im Garten wieder
Wo ich so glücklich, fröhlich mal

Doch rollte fort der Ball behände
War irgendwann nicht mehr zu sehn
Noch immer klatscht´ ich in die Hände
Es war nicht einsam im Gelände
Dort, wo die sanften Winde wehn

Der Ball ist fort, es war ein roter
Und ich war Kind, ein kurzes Stück
Wo kam er her, wieso – und – oder?
Es war ein schöner Ball, *ein roter*
Und bracht ein längst vergessenes Glück

Am Ziel

Durch die Nacht und durch den Regen
Gehst du deinen langen Weg
Dort, wo dunkle Mächte schweben
Wolltest du fast nicht mehr leben
Tränennass ein jeder Steg

Immerfort manch Nachtmahr drohen
Ängste vor der tristen Welt
Wo Gefühle längst erfroren
Wo du glaubtest dich verloren
Hoffst du doch auf das, was hält

Und du gehst die Straße weiter
Einsam ist sie – *ohne Ziel?*
Fürchte nicht manch dunkle Reiter
Die dich töten wollen, leider
Vorwärtsgehen ist kein Spiel

Nur die Träume sind geblieben
Aus der fernen Kinderzeit
Hast sie alle aufgeschrieben
In die Seel hineingetrieben
Ja, du spürst: *bald ist's soweit*

Lange warst du auf der Reise
Quer durch dich
Durch Herz und Sinn
Plötzlich hörst du jene Weise
Jenes Lied, es singt so leise
Zieht durch alle Hoffnung hin

Da ward alle Nacht zu Ende
Vor dir schäumt das wilde Meer
Ach, es netzt die starken Hände
Stoß sie um, die letzten Wände
Holst das Glück, die Träume her

Endlich fühlst du dich geborgen
Du bist sicher und so leicht
Stark bist du und fern der Sorgen
Lachst ihn an den neuen Morgen
Denn du hast dein Ziel erreicht

Morgenluft

Kühl ist jene Morgenluft
Tränenschwer noch tief in mir
Eine Stimme nach mir ruft
Und es lebt die frische Luft
Hier am See, so kurz nach 4

Ach, ich denk an Vieles so
Auch an dich, an diese Zeit
Und mein Herz brennt lichterloh
Doch die Sinne sind nicht froh
Bin vom Leben noch so weit

Fern sind meine Träume da
Schwelgen mit den Wogen fort
Manches Bild, das ich wohl sah
Schon zerflossen, nicht mehr da
Es bleibt nur ein stiller Ort

Kühl ist alle Morgenluft
Mach mich auf und ziehe hin
Ja, ich weiß, wer nach mir ruft
Wie ein Lied – die neue Luft
Wie ein Traum – mein bester Sinn

Nebel

Und der Nebel, der zieht weiter
Nichts bleibt ihm verborgen, nichts
In ihm drin scheint's gar nicht heiter
Nebelschleier wabern weiter
Jenseitig von Tag und Licht

Bin tief drin in jenem Nebel
Geht nach vorn nicht, nicht zurück
Angst kommt auf, mir brummt der Schädel
Todesschrei im dichten Nebel
Ich beweg mich nicht ein Stück

Wo die Heimat, wo mein Leben?
Wo sind Menschen, die ich kenn?
Schon versuch ich es mit Beten
Will zurück mein altes Leben
Will die Welt, die reich und schön

Doch es bleibt mir nur dies Schweigen
Dieses Nichts, die Blindheit, ach
Wie lang sollt ich hier noch bleiben?
Nein, ich will nicht länger leiden
Doch ich bin nur noch halbwach

Ohne Heimat, ohne Liebe
kann ich nicht mehr leben hier
Doch der Nebel grinst nur müde
Will, dass ich bei ihm nun bliebe
Macht mich bald zum wilden Tier

Plötzlich, da, ein Sonnenschimmer,
der mir einen Ausweg bahnt
Und bevor es wieder schlimmer,
greif´ ich mir den Lebensschimmer
Endlich seh ich wieder Land

Hinter mir bleibt aller Nebel
Weiter zieht er, ohne Rast
Halt mich fest am Sonnensegel
Bald schon fort der böse Nebel
Ach, vor Freud mein Herze rast

Und der Nebel, der zieht weiter
Nein, ich seh ihn lang nicht mehr
Aller Tag ward froh und heiter
Spür in mir, werd froh und leichter:
Meine Heimat brauch ich sehr!

Stieglitz

Es fliegt ein Stieglitz durch die Zeiten
Fliegt durch Berlin, Paris und Prag
Will nirgendwo zu lange bleiben
Er fliegt behänd durch Tag und Zeiten
Und zwitschert, wie er zwitschern mag

Denkt an die Welt, die schöne, helle
Die war einst ziemlich trüb und schlimm
Er ist ein lustiger Geselle
Denkt an die Welt, die flotte, schnelle
Und sinnt nicht übern Lebenssinn

Da, auf dem Baum, ne kleine Pause
Ein kleines Lied für jedermann
Vielleicht noch eine lustig´ Sause
Dann zieht er weiter übers Hause
Und weiter fort, durchs Land sodann

Am Strand lauscht er dem Meeresrauschen
Wer weiß, wovon er da so träumt?
Vielleicht will er der Brandung lauschen?
Doch will er nie mit andern tauschen,
weil er vom Leben nichts versäumt!

Schon bald erhebt er sich mit Kräften
Und flattert übers Meer davon
Er fühlt sich gut, in besten Säften
Scheint jenseits wohl von Geldgeschäften
Wer fragt den kleinen Vogel schon?

Er ist ein Stieglitz unter vielen
Und fliegt, weil er halt fliegen muss
Wer weiß schon von den Stieglitz-Zielen?
Vielleicht will er nur einfach spielen?
Vielleicht ist er ein Gottesgruß?

So fliegt er weiter durch die Zeiten
Fliegt von New York nach Binz und Bern
Wohl will er nirgends lange bleiben
Er fliegt nur fröhlich durch die Zeiten
Ich wink ihm oft!
Ich hab ihn gern!

Fjord

Im Tal der hohen Berge,
ganz weit im Fjord, im Schnee,
war unsere Herberge
Die Kindheit dort, am Berge
An jener stillen See

Das habe ich genossen
Die Jahre gingen schön
Und als die Bäume sprossen
Und Träume sich ergossen
Wollt ich im Tanz mich drehn

Mit Mutter ewig laufen
Durchs Tal bis hin zum Strand
Und süße Bonbons kaufen
Buschblätter kehrn zum Haufen
Und unsre Spurn im Sand

So fern sind all die Zeiten
Am Fjord, beim Berg, im Tal
Wohl wollt ich ewig bleiben
Dort, wo die Adler gleiten
Dort, wo die Wege schmal

Doch zogs mich in die Ferne
in jene große Stadt
Dort sah man keine Sterne
Es fehlte auch an Wärme
Da, wo man alles hat

Nach dreiundzwanzig Tagen
hielt ich es nicht mehr aus
So schwer wogen manch Klagen
Es platzte oft der Kragen
Ich wollt dort endlich raus

Und packte meine Sachen
Nach Hause ging es, heim
Konnt plötzlich wieder lachen
Wie früher wollt ich's machen:
Als Kind bei Mutter sein

Bin endlich heimgekommen
zum Haus am Berg, im Schnee
Dort strahlten alle Sonnen
Die Tränen längst zerronnen
Und still der Fjord, die See

Kraniche

Es ziehen Kraniche durchs Land,
bis hin zum wilden Meeresstrand
Ich schau vom Ufer in die Weite
Es ist so frisch und windig heute

Kein Mensch kann ich am Strande sehn
Will barfuß durch den Sand jetzt gehn
Ich leg mich schwerlich in den Wind
Ich wär wohl wieder gern ein Kind

Hier, wo das Meer dies Lande küsst,
hier hab ich mich, und nichts vermisst
Die Wogen schlagen rauschend hoch
Und ich bin ratlos, immer noch

Verwirrtheit dröhnt durch Herz und Sinn:
Was, wenn ich doch verloren bin?
Geht's mit dem Leben mal bergauf,
im nimmermüden Dauerlauf?

Dort in der fernen wilden Stadt,
jenseits von Träumen, niemals satt,
bleibt für manch Denken wenig Zeit
Manch Wunsch,
manch Hoffnung scheint so weit

Ich bleibe stehn, ruf übers Meer:
Du, bring mir eine Lösung her!
Doch es gibt keine Antwort nicht
Das Meer nur rauscht gar ewiglich

Es wird so sein, wies immer war:
Ich sollt nur leben, gut und klar!
Stapf weiter durch den Ufer-Sand
Und es ziehn Kraniche durchs Land

Nomade

Ja, hier draußen lebt die Stille
Heute hier und morgen dort
Irgendwie mein bester Wille
Überall nur Weite, Stille
Sterne, Himmel, kaum ein Wort

Hund und Zelt, das ist mein Leben
Meine Träume sowieso
Hier, wo ewig Winde wehen,
kann ich in die Ferne sehen,
bin ich glücklich, leicht und froh

Doch schon bald, da werd ich ziehen,
weg von hier, von diesem Ort
Nein, das ist kein ängstlich fliehen,
ist nur einfach Weiterziehen
Denn mich treibt es fort, weit fort

Unruhig mein Hund, mein Herze
Rastlos alles, auch mein Sinn
Und im Licht der letzten Kerze
mache ich schon Wanderscherze,
weil ich nie Zuhause bin

Ach, hier draußen spür ich Leben,
jenseitig von Stadt und Zeit
Hier, wo Winde, Stürme wehen,
kann ich meine Träume sehen,
fühl ich mich so sehr befreit

Dann ein Abschied von so vielen
Wieder freu ich mich darauf
Zu ganz neuen, fernen Zielen,
heißen Ländern, und auch kühlen,
mach ich mich nun endlich auf

Die Tänzerin

Irgendwie verklärt vielleicht
eine Träne noch im Aug
Ist berühmt sie, ist sie reich?
Manchmal traurig auch? Vielleicht
Es ist ihre beste Schau

Ach, es war 'ne schwere Zeit,
harte Arbeit, viel Verzicht
Heut ist sie vom Glück nicht weit
Nein, sie fühlt sich nicht befreit
Streng manch Züge im Gesicht

Viele Fragen wiegen schwer:
War es richtig? War's nicht gut?
Ist sie heute wirklich wer?
Ach, ihr Leben wiegt so schwer
Soviel Tanz liegt ihr im Blut

Düster scheint die Bühne jetzt
Nur Musik erklingt ganz leis
Ja, sie tanzt so unverletzt,
leicht und schön und nicht gehetzt
Ihr Tutu ist strahlend weiß

Und sie tanzt für sich allein
Nur ein Licht strahlt sie noch an
Warum stets alleine sein?
Warum niemals Sekt und Wein?
Schaut sie wirklich niemand an?

Da bemerkt sie einen Blick
Er ist stark und trifft sie sehr
Und ganz langsam, Stück für Stück,
tanzt sie hin zu jenem Blick
Fühlt dabei sich traurig, schwer

Es ist eine fremde Frau
Ihr Gesicht im Schatten liegt
Doch ihr Blick ist sehr genau
Wer ist jene fremde Frau?
Woher hat sie diesen Blick?

Als sie näher tanzt und schaut,
staunt sie, denn die Frau vor sich
ist sie selbst, so sehr vertraut
Und sie weint und staunt und schaut,
sieht ihr eigenes Gesicht

Niemand sonst ist wohl zu sehn´,
jenseitig von Traum und Show
Ach, sie tanzt so wunderschön,
möcht nicht von der Bühne gehn
Doch die Fremde scheint nicht froh

Da, das Licht verlöscht ganz sacht
Und die Schau ist aus, vorbei
Längst ist es nach Mitternacht
Da geht aus das Licht ganz sacht
Aller Tanz scheint einerlei

Regungslos und leichenblass
geht sie von der Bühne schnell
Spürt nicht Trauer oder Spaß
Draußen ist es regennass
Nacht ist es und gar nicht hell

Plötzlich spürt sie es genau:
Tanzen ist ihr größtes Glück
Niemals war ihr Leben grau
Und es lacht die fremde Frau
Leicht tanzt sie zur Show zurück

Schwarze Materie

Die schwarze Materie,
die gibt und auch nimmt,
dort im Universum!
Was ist, wenn das stimmt?
Sie gab alles Leben und hält es zusamm!
Sie löscht alle Lichter und zündet sie an!

Was wird sie bewirken,
ist irgendwann Schluss?
Nie wieder das Leben?
Nie wieder ein Kuss?
Wofür all das Treiben auf unserer Welt,
wenn alles zerbröselt, wenn alles zerfällt?

Es munkeln die Forscher vom finalen Knall
Nichts bleibt, wie es war in dem riesigen All
So wie es gekommen, so wird es vergehn
Und all unsere Träume, die sollen verwehn

Ich will das nicht glauben,
ich fass es nicht mal!
Gab Gott uns dies Leben
für eine zukünftige Qual?
Die Sterne, Planeten, all die Galaxien,
sind sie dann vergessen? Ist alles dahin?

So soll es nicht enden, so darf es nicht sein!
Ich liebe das Leben, den Himmel, den Stein!
Vielleicht liegt´s an uns auch,
dass wir etwas tun?
Vielleicht sollten wir
nicht mehr warten und ruhn?

Es ist wohl ein Rätsel,
und auch wieder nicht!
Die Liebe wird bleiben,
die Hoffnung, das Licht!
Die schwarze Materie,
die gibt und auch nimmt,
sie wird uns nicht töten,
ich weiß, dass das stimmt!

Vielleicht bringt der Glaube an Gott
Lebenssaft?
Vielleicht liegt ja auch in der Hoffnung
die Kraft?
Wir werden nicht schweigend
im Dunkel vergehn!
Wir werden die schwarze Materie verstehn!

Denn tief in uns schlummert
ein Mördergefühl!
Es lässt uns nicht sterben,
es führt uns ans Ziel!
Es bringt uns in eine ganz andere Zeit:
Dort, wo wir geborgen!
Dort, wo wir befreit!

Das Verhör

Sie saß ihr gegenüber
an dem viel zu großen Tisch
Sie stellte viele Fragen, aber sonst?
Da war wohl nichts!
Die Frau da gegenüber hat getötet
vielleicht – wohl einen Mann
Den Vergewaltiger, so ganz ohne Groll

Ja, die Polizistin sah ihr tief ins Angesicht
Sie stellte viele Fragen
Aber sonst war wirklich nichts
Sie hat erzählt, dass sie einfach nichts bereut
Sie wurde vergewaltigt
Und ihr halfen keine Leut

Düster war der Raum
Düster auch jenes Verhör
Manch Frage, manche Antwort
fiel so endlos schwer
Tränen schwiegen übers starre Angesicht
Überall nur Trauer
Jenseitig von irgendwelchem Licht

Immer wieder Stille, wenn sie nicht mehr sprach
Beide Frauen, dort am Tisch
Und so schrecklich wach
Das, was man ihr antat, war der schlimmste Tod
Nie mehr glücklich leben,
immer nur in allerhöchster Not

Und die Polizistin sah ihr traurig ins Gesicht
Schaut' in ihre Seele
Und sie fand den Menschen nicht
Manche sterben plötzlich, einfach vor der Zeit
Manche Frauen morden, wenn die Worte weit

Wieder dieses Schweigen
Dieser hoffnungslose Blick
Wer bringt dieser Frau
irgendein Vertrauen je zurück?
Alles scheint gestorben
Zäh die letzte Atemluft
Dort am Ende aller Leben bleibt nur eine
schwarze Höllengruft

Dann ist es zu Ende, dieses Mords-Verhör
Man schickt sie in die Zelle
Jener Raum ward wieder still und trüb
Und leer
Ja, die Polizistin sah ihr tief ins Angesicht
Hat sie wohl verstanden
Und sie weinte
Und mehr war da nicht

An einen Soldaten

Was hattest du von deinem Leben?
Du zogst in einen Krieg, als Held!
Du wolltest deiner Heimat geben!
Und kämpftest für ein besseres Leben!
Doch fielst du bald im tristen Feld!

Man hat dir so viel eingeredet:
Von Stolz, von Großmut und von Hass!
Das Schlachtfeld? Heut längst eingeebnet!
Und mancher starb, der auch gebetet,
fern von den Reden, fern vom Spaß!

Da draußen, mit dem Feind vorm Auge,
warst du allein, und einsam auch!
Als mal ein Kriegsreporter schaute,
da lagst vorm Feind du Aug in Auge,
und hast getroffen ihn – im Bauch!

So flogen pfeifend die Granaten!
Du hast an Mutter nur gedacht,
und ihr geschrieben, wohlgeraten:
Komm sorg dich nicht, stell keine Fragen
Und wein bloß nicht von Tag bis Nacht

Egal, ob Schnee, ob Hagel, Regen!
Im Kriegsgetös spürts keiner mehr!
Da zielten Bomben über Wegen,
die brachten Tod und nahmen Leben!
So mancher Wunsch verhallte leer!

Und als dein Freund vom Tod getroffen,
er einfach umfiel, einfach so,
hast du den letzten Schnaps gesoffen!
Du konntest kaum noch weinen, hoffen!
Die Heimat brannte lichterloh!

Du sahst dem Teufel in die Augen,
als starb dein Freund, und auch dein Feind!
Vom Himmel fieln die Friedenstauben,
als du verloren deinen Glauben!
Von Gott hast du nicht mehr geträumt!

Auf deinen Gegner noch zehn Schüsse,
auf das, was vor dir auf dich zielt!
Und in Gedanken tausend Küsse,
für Mutter, Frau – die letzten Grüße!
Das war´s, was dich am Leben hielt!

Am End blieb dir nur Krieg, das Sterben,
ein Knall und ein Granatenloch!
Dein junges Leben fiel in Scherben!
Du konntest auch nichts mehr vererben,
nur einen Schützengraben noch!

Hast deinen Hintern hingehalten!
Hast deine Zeit im Krieg vertan!
So manche deiner Zornesfalten,
hast bis zum Tode du behalten!
Am Krieg kaut man ein Leben lang!

Hast schon gezählt die Todesschreie,
der Kameraden um dich rum!
Die brüllten einst von deutscher Schläue,
die riefen dann nach Mutter, Reue!
Du weintest leis und bliebst nur stumm

Was hattest du von diesem Leben,
als Erde fiel auf deinen Leib?
Als du verschollen, ohne Segen,
im Schlachtfeld bliebst, das traf fast jeden
Was blieb dir da von deiner Zeit?

Die Antwort wird nie jemand wissen!
Du starbst, damit jetzt Frieden ist!
Nur deine Mutter kann es wissen
Sie hört nie auf, dich zu vermissen,
weil du ein Sohn der Liebe bist

Spiegelbild

Viel Lebenszeit schlägt durch mein Hirn!
Sie wiegt so schwer, wird dunkel auch!
Ich wisch den Schweiß mir von der Stirn!
Mein Blick wie Eis, wie kalter Firn!
Vorm Spiegel mit zu dickem Bauch!

Ich such etwas und starr mich an!
Was kann es sein, dass ich da such?
Vielleicht den kühlen Supermann?
Vielleicht den Typ, der nie gewann?
Vielleicht den Prinz vom Märchenbuch?

Es riecht nach After-Shave, nach Creme
Wieso brauch ich nur solch ein Zeug?
Vielleicht war´s Leben zu bequem?
Ich starr mich an und ächz und stöhn!
Ein Spiegelbild der Einfalt heut!

Wieso bin ich noch immer hier?
Die Uhr zeigt doch erst nachts um Zehn!
Im Clubraum wartet reichlich Bier!
Ich geh schnell hin und nehm es mir!
Vielleicht sollt ich jetzt einfach gehn?

Noch bleib ich, schweig mich weiter an!
Schon bald zwackt Müdigkeit im Leib!
Wie war das mit dem Supermann,
mit jenem Typ, der nie gewann?
Wieso schon schlafen vor der Zeit?

Zieh schnell die Lederjacke an,
und mach mich auf zur Bar, zur Nacht!
Manchmal vielleicht doch Supermann?
Vielleicht ein Typ, der mal gewann,
der selten weint und öfter lacht?

Die Straßen glitzern feucht und kalt!
Jetzt Frauen, Partys fürs Gemüt!
In dieser Nacht werd ich sehr alt!
Ja, ich bin ich!
So ist es halt!
Mein Spiegel längst in Scherben liegt!

Am Berg

Dort oben in den Bergen
bin ich auf meiner Flucht!
Mein Leben liegt in Scherben!
Ich hab mich selbst gesucht!

Wo Grenzen sich verwischen,
wo Sonn und Nebel ziehn,
wo Schnee friert in den Nischen,
dort muss ich aufwärts gehn!

Ein Hagel schlägt hernieder,
in mein Gesicht hinein!
Und dunkel wird's und trüber!
Ich fall auf harten Stein!

Verwirrt all die Gedanken
von mir und auch vom Glück!
Schon will die Seele kranken,
verderben Stück um Stück!

So stärker peitschen Stürme,
vernichten mich am Berg!
Egal, ob ich erzürne,
ich bin ein armer Zwerg!

Es bebt unter den Füßen,
es bebt in meinem Herz!
Ich schmeck den Schnee, den süßen,
und starre himmelwärts

Bis ich im Traum ertrunken!
Der rettet mich vorm Tod!
Im Berg schon fast versunken,
genährt von Gottes Brot!

Ich stürm des Gipfels Spitze
Das hätt ich nie geglaubt!
Nackt, ohne Hemd und Mütze,
hab ich dem Berg vertraut!

Thor

Der Himmel graut,
Und ich hab mich in mich zurückgezogen
Ins Haus am See, wo keiner ist
Nur immer wieder ich
Die Stadt ist fern
Ich bin vor Wochen einfach weggezogen
Ein Sturm beginnt
Der See ertrinkt in monsterhohen Wogen
Und plötzlich regnets überm weiten Lande
Wirklich fürchterlich

Ich schau hinaus
Zum dichten grünen Wald hinüber
Mein Haus liegt ruhig so etwa mittendrin
Mein Kopf schmerzt arg
Hab ich am End gar hohes Fieber?
Vielleicht sing ich mir einfach zwei drei Liebeslieder?
Doch irgendwie
Seh ich darin wohl keinen echten Sinn

Der Sturm biegt um die Büsche
Und die vielen starken Bäume
Mein See schäumt wilde
Und mir wird's schon ziemlich kalt
Mir flammen auf
Die allerschlimmsten wilden Horror-Träume
Plötzlich bricht um der Sturm am Haus
Die wackeligen Zäune
Und dichter Hagel schlägt auf Haus
Auf See und auf den Hexenwald

Besorgt starr ich zum Dach
Ob es wohl jetzt noch standhält?
Es knistert recht
Und mir wird's mächtig Angst dabei
Ich spür es schon
Wie sich das schlechte Wetter ranhält
Bleibt mir das Haus?
Was, wenn es doch nicht standhält?
Ach, nur hier draußen fühl ich mich
Wirklich richtig gut und frei

Ein heftig' Blitz schlägt
In den schäumend düstern See hernieder
Thor grollt laut
Grell kracht's vom Himmel in mich rein
Es dröhnt und knallt
Ich find mich kaum mehr wieder
Und draußen knickt mein lieblich weißer Flieder
Verschreckt trink ich
Ein viertel volles Gläschen Sommerwein

Kein Mensch zu sehn, nur dieser See
Der schäumt um dies Gebäude
Ich brauch die Einsamkeit
Vielleicht manchmal auch
Einen lauten Donnerschlag
Doch bringt der schwarze Himmel
Heute Abend wenig Frohsinn oder Freude
An manches schlimme Wetter
Denk ich mit Schaudern heute
Doch kam (zurück) dann irgendwann die warme
Sonne in den neuen Tag

Der Himmel blaut
Thor scheint wohl endlich fortgezogen
Schnell zieht das Gewitter ab
Und es hagelt endlich auch nicht mehr
So mancher Alb und auch der Sturm
Sind einfach weg – davongeflogen
Und auch mein See liegt still
Geglättet sind die ehrlich-blauen Wogen
Und irgendwie ist's mir ums Herze
Auch nicht mehr so schwer

Drift

Fantasie im Silbergrauen
Wieder bricht ein Sonntag an
Möchte ganz neue Schlösser bauen
Spür die Energie sodann

Frischer Wind weht um die Nase
Sonnenlicht strömt in den Tag
Um die Kurve rennt ein Hase
Und ich stell mir manche Frag

Schäfchenwolken schwimmen sachte
übers Himmelszelt dahin
Fern, die Kirchturmuhr schlägt *Achte*
Gibt dem Morgen einen Sinn

Kaffeeduft und an mancher Ecke
Leise Worte, laute Stadt
Und ich gehe meine Strecke,
die heut so viel Neues hat

Ach, ich drifte durch die Zeiten
Lass die Sorgen weit zurück
Will nicht mehr alleine bleiben
Ja, ich bin total verrückt!

Denn so anders scheint dies Leben
Leichtigkeit im Herze pocht
Heute könnt ich alles geben
Und ich drifte weit und hoch!

Zeit der Störche

Es war die Zeit der Störche, ach
Sie kehrten heim ins schöne Land
Zu jenem Haus mit rotem Dach,
am dichten Wald, am schmalen Bach
Ein Wind verwehte leis den Sand

Dort lebte sie mit ihrem Sohn
Mit sehr viel Hoffnung, und auch Kraft
Ein Kinderlachen reichte schon
Ihr Kind, für sie der beste Lohn
Ja, auch im Job hat sie geschafft

Die Trennung lag schon lang zurück
Ihr Ehemann zog fort, weit fort
Sie suchte nach dem großen Glück
Wohl kehrt manch Traum nie mehr zurück
an diesen einsam schönen Ort

Doch eines Tags in süßer Nacht
da dachte sie sehr lange nach
Sie wollte, dass die Sonne lacht!
Nicht immer stark sein, auch mal schwach!
Sie lag bis Mitternachte wach

Zog ihre schönste Robe an
Fuhr in die Stadt zum Tanz im Schloss
Vielleicht gab´s irgendwo ein Mann,
der einsam auch wie sie sodann?
Der lebte nicht auf hohem Ross!

Im Walzer drehte sie sich wild
Der Schampus schmeckte wirklich gut
Und Abendduft lag rosig mild
auf ihrer Seele, ungekühlt
Ihr Herze schwamm in heißer Glut

Ein netter Herr im schwarzen Zwirn
hofierte sie, umwarb sie lieb
Der Sekt benebelte ihr Hirn
Der Fremde schien sie zu verwirrn
Ein heißer Kuss zur Soulmusik

In diesem Augenblick entschwand
die Einsamkeit, die Traurigkeit
Sie spürte seine starke Hand!
Sie wär mit ihm davon gerannt!
Sie spürte – endlich ist's soweit!

Der Fremde buchte einen Flug
für sich und sie, die neue Zeit
Nur fort, weit fort mit neuem Mut
Nie wieder Traurigkeit und Wut
Und endlich leben, so befreit

Doch da ertönt ihr Telefon,
durchbrach die Seligkeit, manch Kuss!
Ein schwerer Unfall mit dem Sohn!
Sie rasten durch ein Feld von Mohn!
Mit Flug und Küssen schien nun Schluss!

Er fuhr sie bis zum Krankenhaus!
Wie schnell zerbrach doch aller Traum!
Wie sah's mit ihrem Sohne aus?
Wieso nur jetzt solch Angst, solch Graus?
Verzeihen konnte sie sich's kaum!

Als sie den Kleinen liegen sah,
in seinem Bettchen, schwach und krank,
da wusste sie, was wichtig war!
Ganz plötzlich wurde es ihr klar:
Sie liebte Sohn und Haus und Land!

Nie wollte sie woandershin!
Es lief doch gut, so, wie es lief!
Ihr Sohn – der echte Lebenssinn!
Es war doch richtig und auch schön!
Ganz leis sie seinen Namen rief

Der Fremde lächelte sie an
und ging von ihr – zurück zur Nacht
Er war ein wirklich lieber Mann
Sie schaute ihm lang nach sodann,
und hat doch nicht mehr nachgedacht

Der Wind am offnen Fenster sang
ein Lied von Trauer und von Glück
Sie hielt ganz fest vom Sohn die Hand
Und blieb im Haus, im Storchenland
Und hörte manchmal Soulmusik

Es war die Zeit der Störche, ach
Sie zogen fort ins ferne Land
Es blieb ein Haus mit rotem Dach,
am dichten Wald, am schmalen Bach
Ein Wind verwehte leis den Sand

Watt

Er ging ins weite Watt hinaus
Der Mond verklärte seinen Blick
Die Nebel zogen um sein Haus
Er wollt ins düstre Watt hinaus
Er war so fern, so weit vom Glück

Noch kam die Flut nicht und er lief
Schon sank er ein in den Morast
So vieles ging im Leben schief,
als niemand seinen Namen rief
Er hatte manche Chance verpasst

Die Uhr schlug Mitternacht sodann
Da gab's kein Mensch, der ihn so sah
Einst war er wohl ein froher Mann,
der 'mal verlor und mal gewann,
der immer zuverlässig war

Und er lief weiter, immerfort,
ins weite Watt, wo's düster ist
An jenem unheilvollen Ort,
da zog er hin, da zog er fort
Ihn hatte wohl niemand vermisst

Es schwammen Wolken vor den Mond
Ein Regen fiel und Kälte zog
Dort, wo vielleicht manch Unhold thront,
wer fragt danach, was sich noch lohnt?
So mancher schreit im Todes-Sog

Die Einsamkeit fror übers Watt
Am Horizont das weite Meer
Er hatte alles Leben satt
Und ging hinaus ins kalte Watt
Nein, es erfreute ihn nichts mehr

Verwaschen seine Spur im Schlick
Das Wasser stieg, die Flut kam schnell
Da blieb nicht viel vom Wunsch nach Glück
Vielleicht ein Rest der Spur im Schlick?
Und dunkel war's, und gar nicht hell

Die Wogen schlugen laut zusamm'
Dort, wo er lief, das weite Meer
Und leis, von fern, ein Trauersang
Wohl kam er längst im Jenseits an?
Sein altes Haus am Strand ist leer

Die Angestellte

Es war ein Morgen, irgendwann
Der Kaffee schmeckte schlecht, *so schlecht*
Noch schnell ein Küsschen für den Mann
An diesem Morgen, irgendwann
Sie macht´ es allen immer recht

An jenem Tag, als Regen fiel,
war´s trübe noch und seltsam lau
Ihr Job war hart, kein leichtes Spiel
Der Tag war grau und Regen fiel
Sie war ´ne starke schwache Frau

Sie sah das Elend *vis-à-vis*
Und mancher Fall wog tonnenschwer
Sie hielt es durch, wohl irgendwie
Sie sah manch Trauer *vis-à-vis*
Doch auch sie selbst schien müd und leer

Vorm Spiegel in der Pause dann,
da sah sie sich und weinte leis
Ein Handyklingeln – *wohl der Mann*
Vorm Spiegel jetzt – *minutenlang*
Und irgendwo zerschmolz das Eis

Was, wenn sie einfach wortlos ging?
Dorthin, wo alles Glück vielleicht?
Dorthin, wo aller Segen hing?
Wer fragt, wenn sie jetzt einfach ging?
Ob´s für das Leben dann noch reicht?

Sie schloss die Augen, hielt sich fest
Und wankte hin und wieder her
Was, wenn man sich mal treiben lässt?
Sie hielt am Waschbecken sich fest
Im Leben geht so manches quer

Was für ein schöner ferner Traum
Sie wischte sich die Tränen fort
Mit Seife und mit reichlich Schaum
wusch sie sich ab, den großen Traum
Man rief nach ihr, mit lautem Wort

Und lächelnd lief sie schnell zurück
Ein neuer Kunde wollte Rat
Wo liegt des Lebens größtes Glück?
Sie lief nur ins Büro zurück!
Und tat, was sie sonst immer tat

Sie sagte Ja, sie sagte Nein
Der Arbeitstag ging schnell vorbei
So musste es wohl immer sein
Ein Leben zwischen Ja und Nein
Ihr Mann kam heim
So gegen 3

Träume der Erinnerung

Schön war´s in der großen Stadt
Job, Familie – wunderschön
Dort wo keiner Namen hat
lebten sie in jener Stadt
So sollts immer weiter gehn

Doch seit kurzem träumte sie
von dem Ort, der endlos weit
Sah die Kirche, Wald und See
Manche Nächte träumte sie
von der fernen Seligkeit

Sie verstand die Zeichen nicht
Doch es zog sie magisch fort
Und sie sah im Traum ein Licht,
hatte Tränen im Gesicht
Wo nur lag dies Land, der Ort?

Mehr und mehr wollt sie dorthin
Alles schien ihr so bekannt
Wo nur lag des Traumes Sinn?
Warum wollte sie dorthin?
In dies wundersame Land?

Eines Tages brach sie auf
Nahm die Tasche wie in Trance
Nahm den Abschied selbst in Kauf
Schweigend brach sie einfach auf
War das ihre letzte Chance?

Auf dem Weg durch Traum und Zeit
kam nach Irland sie bei Nacht
Lang schien dieser Weg und weit
Irgendwo am Rand der Zeit
wurde sie nach Haus gebracht

In dem kleinen Dorf am Meer
sah es aus wie in dem Traum
Kirche, Wald – *sie wollt hierher*
In das kleine Dorf am Meer
In das Haus beim Mandelbaum

Nichts war hier wie in der Stadt
Ruhm und Reichtum gab´s hier nicht
Wichtig war nicht, was man hat
Wichtig nicht die ferne Stadt
Nur des Mondes fahles Licht

Auf dem kleinen Friedhof dort
stand sie an dem fremden Grab
Hier an diesem stillen Ort
trug sie die Erinnerung fort
Las die Inschrift, die schon matt

Da durchfuhr ein Blitz ihr Hirn
Und sie wusste es genau
Ihre Mutter lag hier drin
Ja, ihr Traum zog sie hierhin,
zu dem Grab der toten Frau

Und sie fühlte sich so gut
Goss die Blumen vor dem Stein
Hatte wieder Lebensmut
Denn sie fand ihr eigen Blut
Ihre Seele wurde rein

Plötzlich hörte sie von fern,
wie die Mutter leise sang
„Ach, mein allerliebster Stern,
kamst zu mir, doch ich bin fern.
Kamst zu mir, zum weißen Strand"

Lange saß sie noch am Grab
Und sie küsste sanft den Stein
Dort, wo's keine Zeit mehr gab
Dort an Mutters kleinem Grab
konnt sie endlich glücklich sein

Als sie wieder heimwärts zog,
war voll Liebe sie und Kraft
Und ein Silberwölkchen flog
übers Meer, auf dem sie zog
Ja, sie hatte es geschafft!

Und daheim, dort, in der Stadt,
hatte sie den Sinn erkannt
Wer im Herz sein' Mutter hat,
braucht nicht Geld, nicht Ruhm und Stadt
Nur manch Traum
Und Mutters Hand

Die Königin

So unnahbar, so kühl, so still
Brilliert sie vor dem Goldpalast
Die Königin weiß, was sie will
Und doch ist sie so seltsam still
Man hisst die Flagge hoch am Mast

Man krönt ihr Haupt und jenes Land
Sie lächelt leicht
Ihr Blick scheint starr
Sie ist auf dieser Welt bekannt
Sie kommt aus einem Königsland
Von dort, wo's niemals anders war

Sie schreitet die Parade ab
Das Militär steht kampfbereit
Und weil sie viel zu sagen hat,
fährt sie recht schnell zur Fuchsjagd ab
Ihr Tag verschlingt wohl sehr viel Zeit

Auf ihrem Schiff fährt westwärts sie
Die Flotte ist ihr Stolz, ihr Ruhm
Ein lauer Wind weht irgendwie
Voll Würde trägt die Krone sie
Es gibt im Ausland viel zu tun

Wenn sie dem Volk sich zeigen will
ist die Kalesche gut und klug
So unnahbar, so seltsam kühl
Wenn sie Kalesche fahren will,
ist Königin sie nie genug

Fast unnahbar, so kühl, so still
So krönt sie doch ein edles Land
Ja, sie ist Königin mit Stil
Und scheint manchmal so seltsam still
Und ich verneig mich – *unerkannt*

Treffen

Ich treff sie dort, wo alles leer
In jener Bronx, am Rand der Zeit
Das Lachen fällt ihr schwer, so schwer
Und machen Traum, den gibt's nicht mehr
So manche Hoffnung scheint so weit

Die Spritze in der rechten Hand,
den Stoff fest in der linken Faust
Ansonsten total abgebrannt
So lehnt sie weinend an der Wand
Ein Dealer um die Ecke saust

Ich frage sie, wie's sonst noch steht
Ist sie alleine oder nicht?
Sie sagt, ihr Leben sei verdreht
Für Kind und Mann sei's längst zu spät
Nur manchmal Sex – *jenseits vom Licht*

Für zwanzig Dollar – *irgendwo*
Dann reicht's auch für den nächsten Schuss
Sie meint, ihr Leben sei halt so
Für wenig Geld ins Nirgendwo
So sollt es sein wohl bis zum Schluss

Der Regen wäscht die Stufen ab,
auf welche sie ganz plötzlich sinkt
Ich will ihr helfen – sie winkt ab
Am End' nur ein Ruinengrab
Hier, wo es nur nach Abfall stinkt

Sie schließt die Augen sanft und lieb,
wie manches Kind, das schlafen will
Was für ein Schicksal sie wohl trieb
an jenen Ort, wo's ewig trüb
Sie liegt nur da und schläft ganz still

Wohl kann ich nichts mehr für sie tun
Längst ist sie fort – *in ihrem Traum*
So barfuß in zu engen Schuhn
sollt auf manch Stufen man nicht ruhn
Den reichen Segen gibt's hier kaum

Es ist schon Nacht, so gegen 3,
da fahr ich ins Hotel zurück
In jener Welt, wo alles frei,
hört niemand mehr den stummen Schrei,
den Drogentod, fernab vom Glück

Da spricht ein Pfarrer im TV
Und viele andre nicken brav
Man stellt die Armen dann zur Schau
Und spricht ansonsten klug und schlau
Und legt sich dann zum süßen Schlaf

Ich sah sie dort, wo alles schwer
In jener Bronx, am Rand der Zeit
Die junge Frau gibt es nicht mehr
Sie starb ganz einsam, wortlos, leer
Und meine Hoffnung ist so weit

Am Deich

Der Wind verfängt sich in den Weiden
Zerkräuselt manchen Ufersaum
Ich möchte gehen, will nicht bleiben
So anders sind die kalten Zeiten
Auf mancher Welle wiegt nur Schaum

Der Schnee vermischt sich mit dem Regen,
verkühlt die Seele mir behänd
Ich ruf um Hilfe, will den Segen
Und will doch noch so Vieles geben
Doch hinterm Deich mein *Nachen* brennt

Noch ziehen triste dunkle Wolken,
versperren mir den rechten Weg
Ich fühl mich nicht mehr unbescholten
So vieles scheint nicht abgegolten
So manches Übel lächelt träg

Verschämt zieht Angst durch Herz und Sinne
Nichts scheint mehr richtig oder gut
Fast wie vom Biss der schwarzen Spinne
verschwimmt mein Traum in Trauer-Minne,
und lässt vom Brand mir nur die Glut

Da lichtet sich der Dunst, der Nebel
Ein letzter Tod, ein letzter Schrei
Hoch überm Deich schwebt leis ein Segel
Zerbrochen endlich Hass und Säbel
Ich atme Hoffnung, frisch und frei

Teufelsort

Düsternis auf allen Straßen
Wege führn ins Nirgendwo
Regen auf der Haut, der blassen
Und ein Schrei tönt einfach so

Eine Kralle aus der Schwärze
Will dich fassen dort am Wald
Und es rast dein armes Herze
Und ein Wind weht, es ist kalt

Blanke Angst will dich schon lähmen
Da rennst du wie wild davon
Keine Zeit zum Warten, Schämen
Flucht scheint aller Ängste Lohn

An der Straße hältst du inne
Nichts geschieht, es ist so still
Keine Kralle, keine Spinne,
die dich frisst im Geisterspiel

Kalter Schweiß läuft dir in Strömen
Ist der Zauber wirklich fort?
Nur Gewitterdonner dröhnen
Hier an diesem Teufelsort

Jener Spuk scheint nun zu Ende
Alles färbt sich hell und gut
Trocken wieder Haar und Hände
Endlich schöpfst du neuen Mut

Wille

Willst dich im Champagner wälzen
Dreck abwaschen
Nichts mehr naschen
Worte solln dich nicht verätzen
Nein, du willst auch nichts mehr schwätzen
Lass dich einfach überraschen

Willst dir selbst das Maul jetzt stopfen
Blut soll fließen
Du willst büßen
Doch es spritzt nicht mal ein Tropfen
Nur dein Herz hörst du noch klopfen
Lass dich einfach nicht verdrießen

Willst dich endlich selbst erkennen
Einfach schreien
Dich befreien
Nirgendwo mehr so verbrennen
Willst dich nur von Altem trennen
Lass dich einfach nicht mehr treiben

Fremde Mächte

Irgendwo in dunklen Nächten
Lauerte so manch ein Tod
Meldungen von fremden Mächten
Die sich zeigten in den Nächten
Brachten Menschen arg in Not

Wesen, die wohl niemand kannte
Schwebten über Stock und Stein
Mancher um sein Leben rannte
Weil er sah, was er nicht kannte
Und es holte alle ein

Grausig in Gesicht und Leibe
Trieben sie ihr Ungemach
Flogen in recht flacher Scheibe
Über Wald und über Weide
Ohne Laut und ohne Krach

Viel zu viele Menschen starben
Weil die Wesen nichts verschont
Wo noch heut Millionen darben
Hat die Welt sehr tiefe Narben
Weil manch *Wesen* da noch thront

Doch sie werden bald schon fliehen
Suchen ihre eigne Welt
Wenn sie endlich weiterziehen
Kommt auf Erden wieder Frieden
Weil bei uns die Liebe zählt

Weiße Frau

Sturm bricht sich am Ufer drunten
Schlag den Kragen hoch und geh
Hab am Strand ein Kreuz gefunden
Es betrachtet Stund um Stunden
Hört ein Wimmern – *ach und weh*

Sah die weiße Frau von ferne
Sie entschwebte in die Nacht
Dunkelheit und keine Sterne
Es war kalt
Es fehlte Wärme
Hat die Frau dies Kreuz gebracht?

Tosend brach das Meer am Strande
Hielt mein Kreuz fest in der Hand
Lief schnell zum Hotel im Lande
Meine Spur verwischt im Sande
Dort, wo ich dies Kreuze fand

Blitze zuckten da vom Himmel
Eine Stimme rief: *Hab Dank!*
Und auf einem wilden Schimmel
Ritt die weiße Frau gen Himmel
Wo sie wohl den Tode fand

Irgendwann las ich die Worte
auf dem Kreuz – verwischt, ganz klein:
"Danke, dass Du warst am Orte
Ich muss nun zur Himmelspforte
Du sollst Herr des Meeres sein"

Seitdem leb ich an der Küste
Trag dies Kreuz stets auf dem Herz
Was ich wohl zu gerne wüsste:
Ob die Frau ich retten müsste?
Sollt ich beten himmelwärts?